LA REDVCTION DE LA VILLE DE Philisbourg en Allemagne, à l'obeïssance du Roy.

Par Monsieur le Mareschal de la Force, General de l'Armée de sa Majesté.

Le [illegible] iour d'Octobre, mil six cens trente quatre.

A PARIS,
Chez PIERRE TARGA, ruë S. Victor au Soleil d'Or.

M. DC. XXXIV.

Auec Permission.

DV CAMP ROYAL à l'Andau, le Mercredy vnziesme iour d'Octobre 1634.

Es Chefs, & Habitans de la ville de Philisbourg ayant desiré pour leur repos & asseurée protection, de se mettre entre les mains du Roy, en firent ſortir le Colonel Chemidebergue Suedois qui y commandoit depuis quelque temps.

Les & Eſpagnols en ayant eſté aduertis ont fait tout leur poſſible pour en diuertir l'execution, & meſme iuſques là qu'ils ont offert iuſques à cent ſoixante mille richedalles a ceux qui auoient cõmandement dans cette ville, à quoy ils n'õt iamais voulu entendre preferant la puiſſante protection du

Roy de France à tout ce qu'ils leur pourroient dõner.

Le Roy de Hongrie, qui pour lors n'estoit esloigné que de trois iournéesde la-dicte Ville auec son Armée sçachant quelle estoit la resolution des Chefs & habitans d'icelle ; fit aduancer vne partie de ses trouppes pour venir inuestir cette place, & tascher auec le temps de l'emporter par force. Au subjet de quoy Monsieur le Mareſchal de la Force General de l'Armée de ſa Majeſté dans la Duché de Lorraine, & frontieres d'Allemagne , fit aduancer le Mercredy quatrieſme de ce preſent mois d'Octobre Meſſ. de Fequiers & le Colonel Eſbrom auec le Regiment de la Blocquerie, & les Cõpagnies qui eſtoient deſtinées pour demeurer en garniſon dans ladicte Ville, qui ſont trois Compagnies du Regiment de Vaubecourt , deux de celuy de Tonnains, & deux de celuy de Nauailles, auec huict Compagnies de Caualllerie.

Sur l'aduis des approches des Trouppes de l'Armée Françoiſe vers ladite ville de Philisbourg, le Roy de Hongrie aduença auec ſon Armée, qui parut en corps à cinq heures de chemin de ladite ville le Vendredy ſixieſme enſuiuant.

Ledit Sieur Mareſchal, qui pour lors eſtoit dans la ville de Bouſſeuilliers, ayant eſté aduerty des approches du Roy de Hongrie, partit de ladite ville le mesme iour, auec tout le corps de l'Armée, & estant à Spire, trois lieuës de Philisbourg receut nouuelles que le Roy de Hongrie s'estoit retiré auec son armée de deuãt ceste place, & que les S. de Fequiers & Esbrõ y estoiẽt entrés auec les Trouppes de Cauallerie & Infanterie, & le Colonel Chemidebergue auec les Trouppes Suedoises en estoient sorties le mesme iour.

Ledit

Ledit Sieur Mareſchal ne laiſſa toutesfois de s'y acheminer, ayant laiſſé le gros de l'Armée aux enuirons de ladite Ville de Spire, & entra dans la ville de Philisbourg auec deux Cornettes de Caualerie, le Lundy neufieſme enſuiuant.

A ſon arriuée Monſieur Arnaut, de preſent Gouuerneur pour le Roy dans ceſte importante place, fit tirer tout le canon de ladicte Ville,

& tout le peuple le receut auec vne extreme allegresse.

Le dit iour, le Duc de Vvitemberg qui estoit par cy deuant entré dans ceste Place presta entre les mains dudit sieur Mareschal, pour le Roy, le serment de fidelité, au gouuernement que sa Majesté luy à donné dans l'Euesché de Spire.

Cette Ville estant ainsi renduë en l'obeissance du Roy, les Chefs, &

631

habitans d'icelle ayant presté le serment de fidelité, & toutes choses y estant bien ordonnées pour l'asseurance de sa Majesté, ledit sieur Mareschal en seroit party le Mardy dixiesme, pour s'en retourner à l'Andau auec le corps de l'Armée, duquel lieu il à despesché vn Courrier pour aporter ces nouuelles au Roy & à Monseigneur le Cardinal.

Lequel Courrier par

ſa grande diligence eſt arriué en ceſte ville de Paris, le Samedy quatorzieſme dudit mois ſur les neuf heures du ſoir.

Pour ce qui eſt du Roy de Hongrie, il a paſſé auec toute ſon Armée la riuiere du Mein, & de là tiré vers Andrenac où le Comte de Mansfeld auec l'Armée de la Ligue l'attẽdent, où ils eſperent que doit arriuer le Cardinal Infant d'Eſpagne.

Et le Duc de Lorraine s'eſt aller retirer auec quelques trouppes vers la Duché de Vvitemberg.

FIN.

www.ingramcontent.com/pod-product-compliance
Lightning Source LLC
LaVergne TN
LVHW012020170826
845678LV00004BA/1585